EL IMPRESIONISMO ALC... ...URABLE
...MO EL ARTE DE LOS...

PAUL CÉZANNE

DESCUBRIENDO EL MÁGICO MUNDO DE

CÉZANNE

Textos de Maria J. Jordà

OCEANO Travesía

Derechos exclusivos en lengua española: © Editorial Océano S.L. | Editor de Océano Travesía: Daniel Goldin | www.oceano.com | D.R. © Editorial Océano de
México, S.A. de C.V. | www.oceano.mx | Primera edición, 2012 | ISBN: 978-84-494-4484-5 (Océano España) | ISBN: 978-607-400-609-4 (Océano México) |
Depósito legal: B-15964-LV | Quedan rigurosamente prohibidas, sin la autorización escrita del editor, bajo las sanciones establecidas por las leyes, la reproducción
parcial o total de esta obra por cualquier medio o procedimiento, comprendidos la reprografía y el tratamiento informático | *Impreso en España / Printed in Spain*

PAUL CÉZANNE

Hola, soy Paul Cézanne, el artista francés que quería asombrar a París pintando manzanas. Pinté muchas, solas o en bodegones repletos de fruta, pero no lo conseguí... Y es que en esa época nadie se percató del carácter revolucionario de mi obra, no la comprendieron.

Hoy en cambio, me consideran el padre del arte moderno. ¡Lo puedes creer, el padre del arte moderno a fuerza de pintar manzanas! ¿Quieres saber por qué? Pues te lo voy a contar. Presta atención que empieza mi aventura.

Nací el 19 de enero de 1839 en Aix-en-Provence, ciudad del sur de Francia encerrada en el pasado por sus murallas. Mi padre, Louis-Auguste Cézanne era de origen italiano. Empezó vendiendo sombreros y con el tiempo se convirtió en un respetado y acaudalado banquero de Aix. Era un hombre obstinado, calculador y sobre todo muy autoritario. En casa, era tan severo y estricto que yo quedaba paralizado ante su presencia. A menudo discutíamos y nunca tuvimos una buena relación.

Mi madre, en cambio, era dulce y cariñosa. Se llamaba Anne-Elisabeth Honorine Aubert y era 16 años más joven que mi padre. Ella me comprendía y me apoyaba en todas mis decisiones.

PARÍS

AIX-EN-PROVENCE

Tuve dos hermanas: Marie, dos años menor que yo, a la que estaba muy unido, y Rose, que nació 15 años después.

A los 10 años empecé a asistir a la escuela de mi pueblo, pero tres años más tarde mi padre decidió cambiarme al colegio Bourbon, un internado al que asistían los hijos de las familias ricas y acomodadas de Aix. Al principio no me gustó, pero enseguida hice grandes amigos. Con 13 años me incorporé en sexto grado donde coincidí con Émile Zola, que después sería famoso por sus novelas, y con Jean Baptiste Baille, que se convertiría en ingeniero. Nos conocían como los "inseparables". Íbamos juntos a todas partes: al río a bañarnos, a pescar, a cazar. Pero sobre todo, compartíamos las mismas aficiones. Nos encantaba leer, escribir poesía, hablar y divagar sobre arte,... ¡Qué tiempos más encanta-

Paul Cézanne, 1861

dores! Todas aquellas vivencias e imágenes de mi pueblo natal quedaron grabadas en mi memoria para siempre. Recuerdos que se convirtieron en un tesoro.

Fui un alumno brillante. Me interesaban las lenguas clásicas. Recuerdo que cuando compuse mis primeros versos en latín, Zola me dijo: "Mis rimas pueden ser más puras que las tuyas, pero las tuyas son más poéticas, más verosímiles. Tú escribes con el corazón, yo con el entendimiento." Y me animó a escribir poesía, pero para mí era sólo un pasatiempo... aún no tenía nada clara mi vocación.

Me gustaba dibujar y en 1857, con 18 años, me inscribí en la escuela de dibujo de Aix.

Al finalizar el bachillerato en Bourbon, Zola se marchó a estudiar a París y el trío de inseparables se disolvió. Así finalizó la etapa más feliz de mi vida. ¡Cómo los eché en falta! Iniciamos una intensa correspondencia en la que mi amigo Zola me animaba constantemente a empezar mi carrera de pintor en París, la capital del arte. Pero él sabía que el mayor problema era mi padre, quien estaba decidido a convertirme en un prestigioso banquero. Yo, que no me atrevía a rebelarme contra él, acepté a regañadientes sus planes y me matriculé en la facultad de derecho de Aix.

Pero cada minuto que tenía libre lo dedicaba a dibujar y a escribir poesía. Por la noche asistía a clases de pintura en la escuela de Aix donde conseguí el segundo premio en un concurso de estudios sobre figuras. Poco a poco fui descuidando mis estudios de derecho para dedicar más tiempo a pintar, me apasionaba. Finalmente comprendí que aquella era mi verdadera vocación.

Mi primer estudio lo instalé en Jas de Bouffan, una bella casa de campo a las afueras de Aix que mi padre había comprado al gobernador de Provenza en 1859. En un acto de benevolencia, mi padre me permitió decorar las cuatro paredes del salón. En ellas pinté "las cuatro estaciones".

Pero yo vivía una constante lucha interior. Mi mente se debatía entre las exigencias de mi padre y la insistencia de mi amigo Zola.

Finalmente en 1861, después de mucho insistir y discutir, conseguí la autorización de mi padre para ir a París. Allí me esperaba impaciente mi gran amigo, y una carrera artística por descubrir.

¿Qué ocurrió en París? Continúa leyendo y lo sabrás.

P. Cezanne

Óleo sobre lienzo, 200 x 120 cm.
National Gallery of Art, Washington (Estados Unidos).

¡Por fin llegué a París! Con 22 años, era la primera vez que salía de mi pueblo natal y la capital me impresionó. Visité muchos museos. En el Louvre descubrí la soberbia obra de Velázquez, Rubens y Miguel Ángel. Me inscribí en la Académie Suisse para preparar el examen de ingreso a la Escuela de Bellas Artes. Allí conocí a Camille Pissarro, Claude Monet y Auguste Renoir; todos ellos se convertirían en el futuro en pintores de renombre.

Yo era un chico de pueblo, con acento provenzal, torpe y descuidado, impetuoso y temperamental. Me sentía extraño en la ciudad. Por eso, cuando suspendí el examen de acceso a la Escuela de Bellas Artes, no dudé ni un momento en volver a casa. Regresé a Aix y acepté un empleo en el banco de mi padre. Pero desde el primer día de trabajo ya deseaba volver a París, aquello era una tortura. Mi padre se dio cuenta de que yo jamás sería feliz como banquero y después de largas discusiones me dejó volver a París asignándome una paga de 125 francos mensuales para que pudiera estudiar.

AHORA OBSERVA Y BUSCA...

(?) A PESAR DE SU OPOSICIÓN A MI CARRERA ARTÍSTICA, MI PADRE FUE MI PRIMER MODELO. Con zapatillas y gorro de estar por casa, cada día se sentaba en el mismo sofá a leer el periódico.

(?) ¿TE PARECE UN PADRE AUTORITARIO Y DÉSPOTA? En este cuadro quise retratar al padre que deseaba que fuera. Con una actitud benevolente, muy lejos de la realidad, borré de su rostro la imagen que yo tanto temía.

(?) ¿QUÉ PERIÓDICO ESTÁ LEYENDO? Habitualmente mi padre leía el diario conservador "Le Siècle" pero lo quise retratar leyendo "L'Evénement" que era el periódico liberal en el que yo escribía artículos en defensa de los jóvenes pintores.

(?) FÍJATE EN LA APLICACIÓN DE LA PINTURA. Mis primeras obras se caracterizan por las tonalidades oscuras y por una pincelada gruesa y pastosa. A menudo usaba una espátula o un cuchillo para aplicar el color.

CURIOSIDADES

Cézanne soñaba con liberarse del hogar paterno. Su padre le sometía a todo tipo de humillaciones, que iban desde controlarle la correspondencia hasta hacer tiras sus lienzos durante su ausencia. En uno de sus intentos por alejarle de su vocación, el padre, obsesionado por el dinero, le dijo: "¡Hijo mío, piensa en el futuro! ¡con la genialidad mueres, con el dinero vives!".

DESAYUNO SOBRE LA HIERBA
(1869-70)

Óleo sobre lienzo, 60 x 80 cm.
Colección privada.

De nuevo en París, la Escuela de Bellas Artes vuelve a rechazar mi solicitud. Mi pintura era demasiado original para la mentalidad conservadora y rígida de la escuela que aún defendía los temas históricos y mitológicos del clasicismo. Yo me sentía atraído por la pintura romántica de Delacroix, basada en el color y en el estilo personal del artista más que en las pautas y normas académicas. Pero la única posibilidad de vender cuadros y triunfar como pintor era ser aceptado en la Escuela de Bellas Artes o bien en la Exposición (Salón) que organizaba. Durante años mi obra fue rechazada en ambos sitios por ser demasiado innovadora, atrevida y a veces provocadora.

Mientras yo fracasaba como pintor, mi amigo Zola triunfaba como escritor convirtiéndose en cronista implacable de la época. Entonces conocí a Marie Hortense Fiquet, una modelo y encuadernadora once años más joven que yo. Su carácter me cautivó y pronto se vino a vivir conmigo.

Émile Zola, 1870

AHORA OBSERVA Y BUSCA...

(?) ¿CUÁNTAS FIGURAS APARECEN EN ESTE LIENZO? ¿Me has reconocido en alguna de ellas? Calvo y con barba, me autorretraté de espaldas y en primera línea. A la derecha, mi hermana Marie.

(?) ¿Has visto el perro? ¿Y las manzanas? ¿Y una pareja paseando? ¿Y mi sombrero y paraguas?

(?) EXCEPTUANDO EL AZUL DEL CIELO, MI PALETA CONTINÚA DOMINADA POR COLORES OSCUROS. Mi obra era un reflejo de mi atormentada época de juventud marcada por los sueños frustrados, los deseos reprimidos y los problemas existenciales.

(?) Este lienzo es mi versión personal del cuadro de Manet con este mismo nombre y con el que obtuvo gran popularidad. Los críticos juzgaron mi versión de provocadora y grotesca por no respetar la perspectiva ni la corrección anatómica.

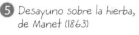

5 Desayuno sobre la hierba, de Manet (1863)

CURIOSIDADES

En 1863, ante la polémica entre el arte oficial de la escuela y los nuevos pintores, el propio emperador Napoleón III tuvo que aprobar la creación de una exposición paralela: "El Salón de los Rechazados". El público se burló de la muestra y se escandalizó con los cuadros de Cézanne, que suponían una auténtica ruptura con la pintura académica del Salón oficial.

Retrato de Napoleón III, de Franz Xaver Winterhalter (1855)

NIEVE FUNDIDA EN L'ESTAQUE
(1870)

Óleo sobre lienzo, 73 x 92 cm.
Colección privada.

En el verano de 1870 estalla la Guerra Franco Prusiana. Para no ser alistado en el ejército, y después de vivir 8 años en París, me marché con Hortense a L'Estaque, un pueblo de pescadores próximo a Marsella. Rodeado de un paisaje idílico, encontré la paz y la soledad necesarias para pintar. La naturaleza se convirtió en mi refugio y dio a mi paleta algo de luz y color. Allí empezó mi interés por los paisajes. No hay nada como pintar al aire libre. El campo es realmente sorprendente.

Finalizada la guerra Hortense y yo regresamos a París. Al cabo de unos meses, en enero de 1872, nació nuestro hijo Paul. Me sentía feliz, pero a la vez más prisionero que nunca: ahora tenía una familia que alimentar.

Ese mismo año recibí una invitación de mi amigo Pissarro para ir a pintar a su casa de Pontoise, en el valle de Oise. ¡Qué ilusión! Confiaba en aprender de él la técnica que me faltaba.

AHORA OBSERVA Y BUSCA...

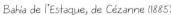

(?) Quedé cautivado por el paisaje y la vegetación de esas montañas que tocaban al mar. Desde la ventana de mi habitación divisaba una gran vista de la bahía, que pinté en varias ocasiones.

Bahía de l'Estaque, de Cézanne (1885)

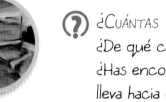

(?) ¿CUÁNTAS CASAS SE DIVISAN? ¿De qué color son sus techos? ¿Has encontrado el camino que lleva hacia ellas?

(?) OBSERVA UN MOMENTO ESTE PAISAJE ¿TE INSPIRA CALMA O AGITACIÓN? A través de fuertes contrastes de colores y enérgicas pinceladas, pretendía otorgar al cuadro una tensión interna, como si fuera a suceder algo terrible. En este caso el espectador puede percibir la sensación de una tormenta inminente.

(?) PRETENDÍA TRANSMITIR A MIS PAISAJES MI PASIÓN Y TEMPERAMENTO. Según mi amigo Zola, el arte "es un rincón de la naturaleza visto a través de un temperamento".

CURIOSIDADES

Una de las personas que más ayudaron a Cézanne en París fue Père Tanguy. Era el propietario de una tienda de material para artistas. A menudo intercambiaba con ellos cuadros por pinturas y pinceles. Apoyaba a los jóvenes pintores y pronto su tienda se convirtió en lugar de reunión. Allí fue donde Gauguin y Van Gogh descubrieron y admiraron la obra de Cézanne. Gauguin quedó fascinado y se convirtió en su primer coleccionista.

Retrato de Père Tanguy, de Van Gogh (1887–88)

VISTA DE AUVERS-SUR-OISE
(1873)

Óleo sobre lienzo, 44,5 x 34,5 cm.
Colección Privada.

Y así fue, de la mano de Camille Pissarro aprendí de nuevo a pintar. Este artista impresionista, diez años mayor que yo, fue como un padre para mí. Comprensivo y tolerante, paciente y respetuoso, confiaba ciegamente en mi talento artístico. Bajo su tutela los colores oscuros de mi paleta se transformaron en colores brillantes y aprendí a observar la naturaleza y llevarla al lienzo según mis interpretaciones: "No haga caso de reglas ni principios, sino pinte usted lo que vea y lo que sienta... Sólo hay un maestro: la naturaleza". Gracias al dominio de la técnica y al contacto directo con la naturaleza, empecé también a controlar mi carácter impetuoso y a dominar mis conflictos internos.

A principios de 1873, me instalé en Auvers-sur-Oise, un pequeño pueblo cerca de Pontoise. Cada día recorría la distancia que me separaba de mi amigo Pissarro para pintar y aprender de él.

Camille Pissarro y Julie Vellay, 1877

AHORA OBSERVA Y BUSCA...

(?) ¿QUÉ IDENTIFICAS EN UN PRIMER PLANO? Se encuentra una valla que protege el camino que yo recorría para ir a casa de Pissarro. A menudo me paraba allí a pintar.

(?) FÍJATE EN LA VEGETACIÓN. ¿En qué estación del año crees que pinté este lienzo? En primavera, cuando los campos y prados de la Provenza se tiñen de miles de colores.

(?) Mis lienzos se vuelven más brillantes y claros gracias al uso de colores primarios y complementarios. Mis pinceladas pierden espesor y son ahora a base de toques y rayas, al igual que los impresionistas quienes, para aprovechar los efectos de la luz al aire libre, usan una pincelada rápida y corta prescindiendo de los detalles.

(?) ESTE PAISAJE SERENO E IDÍLICO ESTÁ REPLETO DE MATICES, JAMÁS LO CONSIDERÉ ACABADO. Corregía constantemente mis cuadros, era algo habitual en mí. A menudo los retomaba para intentar reproducir más perfectamente mis percepciones.

CURIOSIDADES

En el pueblo de Auvers-sur-Oise, Cézanne conoció al Dr. Gachet, un médico homeópata muy aficionado a la pintura y amigo de Van Gogh. Se encontraba muy a gusto con él, tal vez porque era la primera vez que alguien se interesaba apasionadamente por sus pinturas. Se convirtió en gran admirador de su obra y además en el primer comprador: adquirió "Una Olympia moderna".

Retrato de Doctor Gachet, de Van Gogh (1890)

MADAME CÉZANNE
EN UN SILLÓN ROJO
(1877)

Óleo sobre lienzo, 72,5 x 56 cm.
Museo de Bellas Artes, Boston (Estados Unidos).

Mi estancia en Pontoise representó sin duda un viaje al impresionismo. Aprendí la técnica y el método de este nuevo estilo aunque mi concepto de arte era distinto. No quería plasmar solo lo que observaba, lo superficial, la "hermosa apariencia" como lo hacían los impresionistas; yo quería plasmar la realidad sin decorarla, transmitir la verdad... pero aún no sabía cómo.

Convivir con Pissarro y conocer a Gachet me dieron ánimo y confianza en mí mismo. Tal vez por eso, decidí participar en abril del 1874 en la primera exposición organizada por los impresionistas. De las 3 obras que presenté sólo conseguí vender una. Y ante la insistencia de Pissarro, en 1876 volví a participar en una nueva exposición con dieciséis obras. Fue un desastre, no vendí ninguna. Pero lo peor fueron las burlas y los insultos que recibí por parte del público, me sentía un incomprendido. Jamás volví a exponer con los impresionistas, no me consideraba uno de ellos.

AHORA OBSERVA Y BUSCA...

(?) Supongo que ya has adivinado quién es esta dama: se trata de Hortense, mi mujer, que con las manos entrecruzadas mira directamente hacia el espectador.

Marie Hortense Fiquet, de Cézanne (1891-92)

(?) A pesar de que a ella no le gustaban la pintura ni la literatura, demostró tener una paciencia infinita conmigo. Posó como modelo durante horas y el resultado fueron unos veinticinco retratos en los que aparece con perfiles toscos y pronunciados.

(?) ¿LEES ALGUNA EXPRESIÓN EN SU ROSTRO?
La verdad es que en esa época me interesaban más la simetría, el volumen y el color, que captar la psicología de la modelo. No tuve la intención de darle expresividad.

(?) FÍJATE EN LOS COLORES: VERDES, VIOLETAS, GRISES Y AZULES.
La gran mancha roja del sillón sirve para dar armonía a la composición ya que siguiendo la teoría de los colores complementarios, rojo y verde se equilibran. En este lienzo mi estilo es claramente impresionista.

CURIOSIDADES

Durante muchos años Cézanne ocultó a su padre su relación con Hortense, por miedo a que le recortase la asignación mensual. Después de seis años, cuando éste se enteró de la existencia de Hortense, se enfadó muchísimo. Se volvió más mezquino e intolerable y le retiró la renta mensual. Fue su amigo Zola, escritor de éxito, quien le ayudó económicamente.

EL CASTILLO DE MÉDAN
(1879-81)

Óleo sobre lienzo, 59 x 72 cm.
Museo de Glasgow, Glasgow (Reino Unido).

Después de aquel desagradable episodio y de la frustración sufrida tanto a nivel humano como profesional, me alejé para siempre del impresionismo y de la vida parisina. Me refugié en mi pintura e inicié un camino de búsqueda personal y artística. Viajé de un lado para otro. Visité Médan, Melun, Pontoise, Normandía, Giverny... sin parar de pintar y experimentar. No me bastaba reproducir lo que veía, quería llegar al fondo de las cosas y representar lo inalterable y eterno que hay en ellas. Pero debía encontrar la manera de expresarlo. Después de mucho reflexionar y observar la naturaleza, descubrí lo que ningún otro pintor había visto antes: el equilibrio de la composición viene dado por los colores y las formas, así como su relación mutua en el espacio.

AHORA OBSERVA Y BUSCA...

❓ ¿VES LA CASA CON LOS POSTIGOS NARANJAS? Es la casa que compró mi amigo Zola en el pueblecito de Médan. La fue ampliando hasta convertirla casi en un castillo. Era su residencia veraniega y yo pasaba largas temporadas allí.

❓ ¿SABES DÓNDE ME COLOQUÉ PARA PINTAR ESTE CUADRO? Pues en un pequeño bote anclado en medio del río. Desde allí se divisaba una espléndida vista de la casa-castillo de Médan.

❓ El equilibrio de la composición lo conseguí gracias a las líneas verticales de los árboles y su reflejo en el agua, reforzado por los trazos en diagonal con que aplico la pintura.

❓ FÍJATE QUE MEDIANTE LOS PLANOS DE COLOR CONSIGO REPRODUCIR LA PERSPECTIVA. Los colores fríos como el azul o el verde, desplazan la vista hacia el fondo, mientras que los colores cálidos —rojo, naranja, amarillo— aparecen más bien en primer término. Conseguí uno de mis paisajes más luminosos.

CURIOSIDADES

Detrás de la timidez de Cézanne se escondía una persona de gran cultura pero con una conflictiva personalidad. Su carácter irritable y desconfiado, vacilante y a la vez temperamental, le dificultaban a menudo su relación con los demás. Su aspecto rudo y su descuidada indumentaria tampoco le ayudaban, más bien parecía en un personaje ridículo y marginado en el mundo artístico parisino.

EL JARRÓN AZUL
(1885-87)

Óleo sobre lienzo, 61 x 50 cm.
Museo d'Orsay, París (Francia).

Y encerrado en mi mundo, cada vez me volvía más huraño. Algunos ya me llamaban el ermitaño de Aix. Sólo me relacionaba con Pissarro, Renoir y Monet. Incluso me distancié de mi amigo Zola, quien me consideraba un artista fracasado y yo a él un burgués acomodado.

Mi estilo y mi búsqueda evolucionaban. Observando de nuevo la naturaleza, me di cuenta de que para hallar lo eterno y duradero que hay en ella debía simplificarla a sus formas esenciales. ¿Sabes cuáles son? Pues todo se reduce a formas geométricas como el prisma, la esfera, el cono o el cilindro. Sobre estas figuras se podrá hacer lo que se quiera. Y sin yo saberlo estaba creando las bases del cubismo. Pero en ese momento nadie podía comprender la profunda transformación que mi pintura estaba ejerciendo en el arte... sólo el tiempo lo mostraría.

Sorprendentemente, en 1882 uno de mis cuadros fue aceptado en el Salón de París. Se cumplía así uno de mis sueños.

AHORA OBSERVA Y BUSCA...

(?) ¿QUÉ VES ENCIMA DE LA MESA?
Coloqué un jarrón azul con unas flores del jardín, unas manzanas, un plato y un pequeño recipiente. Fíjate que algunas formas se simplifican reduciéndose a esferas o cilindros.

Flores dentro de un bote y frutas, de Cézanne (1888-90)

(?) ENTRE MIS BODEGONES SE ENCUENTRAN VARIOS RAMOS COMO ÉSTE. Pero la experiencia me hizo renunciar a las flores ya que se marchitan demasiado rápido. Las frutas son más fieles.

(?) Detrás de una apariencia simple y sobria, se halla un profundo análisis de los planos de color que van configurando las formas en el cuadro. Me obsesionaba la relación entre forma y color.

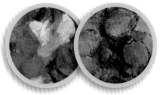

(?) ¿QUÉ PARES DE COLORES COMPLEMENTARIOS UTILIZO PARA DAR EQUILIBRIO AL CUADRO? Todo el lienzo está construido en base a la relación del rojo-verde y azul-naranja.

CURIOSIDADES

Cézanne invirtió gran cantidad de horas observando la naturaleza. Trabajaba de forma lenta y reflexiva, corrigiendo una y otra vez sus cuadros. Con frecuencia pasaba largos ratos ante el lienzo sin dar una sola pincelada. Otras veces paseaba por el jardín y de repente subía las escaleras a toda prisa motivado por un arrebato de inspiración. Algunos cuadros le demoraban meses, otros incluso años y algunos los destrozaba enojado consigo mismo y con su incapacidad.

NATURALEZA MUERTA
(MESA DE COCINA)
(1888-90)

Óleo sobre lienzo, 65 x 81 cm.
Museo d'Orsay, París (Francia).

1886 fue un año crucial para mí. Después de 17 años de vivir juntos me casé con Hortense. Aunque la boda no arregló el distanciamiento que existía entre nosotros, quise formalizar la situación ante mi hijo, al que adoraba. Entonces tenía 14 años.

Seis meses más tarde falleció mi padre a los 88 años. Me dejó en herencia la casa de Jas de Bouffan y una gran cantidad de dinero que me permitió vivir holgadamente. Yo tenía 47 años y por primera vez en mi vida me sentía libre de la tutela paterna.

Pero el golpe más duro fue romper con mi amigo Zola. Publicó una novela titulada "La obra" en la que el protagonista era un pintor que lucha contra el mundo y consigo mismo para realizar su obra maestra. Pero después de fracasar en el intento, enloquece y se suicida. Era evidente que me usaba a mí como modelo y me sentí profundamente herido. Mi amigo de la infancia me había traicionado. No quise verlo nunca más.

Ahora observa y busca...

(?) **¿TE PARECE UNA MESA DE COCINA DESORDENADA?** Pues detrás de esta aparente disposición casual de las formas se esconde un laborioso estudio de la composición. Incluso me ayudaba de trozos de madera para colocar los objetos en la posición que yo consideraba correcta.

(?) **¿HAS ENCONTRADO LAS DOS PERAS ROJAS?** Están situadas en polos opuestos para aportar equilibrio a la obra. ¿Y la enorme pera de la derecha? Su tamaño es intencionadamente desproporcionado con el fin de compensar la variedad de formas distintas que aparecen en la parte izquierda del cuadro.

(?) **UTILIZO UNA DOBLE PERSPECTIVA O UNA ESTRUCTURA BIDIMENSIONAL** ¿Sabes qué significa? Pues que a cada elemento le otorgo una perspectiva diferente. Por ejemplo, fíjate que el tarro de jengibre está pintado desde un punto de vista elevado mientras que las dos porcelanas se muestran desde un plano frontal. Igual ocurre con el cesto.

(?) **¿SABES POR QUÉ LO HAGO?** En mi obsesión por ofrecer una visión auténtica de la realidad, observaba los objetos desde diferentes puntos de vista para otorgarles una perspectiva propia en medio de una coexistencia de formas. Es una visión subjetiva de la realidad, pero muy estudiada y analizada.

CURIOSIDADES

En el estudio de Cézanne habitaban objetos muy diversos: jarras, ollas, platos, cestas, frutos (manzanas, cebollas, melocotones, etc.) y un mantel blanco que usaba a menudo para dar solemnidad a sus bodegones. Prefería las formas sencillas y redondeadas, ya que según él no eran los objetos los que llamaban la atención, sino la disposición de los colores y las formas.

LOS JUGADORES DE CARTAS
(1890-92)

Óleo sobre lienzo, 45 x 57 cm.
Museo d'Orsay, París (Francia).

En 1890 me diagnosticaron diabetes. No era una enfermedad muy grave pero me provocaba fatiga y fuertes dolores de cabeza. A consecuencia de ello, mi carácter se volvió aún más irritable, rechazando cualquier gesto amable de amigos y admiradores.

Durante los siguientes años pasé la mayoría del tiempo en Aix, en la casa de Jas de Bouffan. Me entregué al cuidado de mi madre, que era ya muy mayor. La relación con Hortense era cada día más difícil y finalmente ella y mi hijo se mudaron a París. Solo venían de vez en cuando.

En mi tierra natal, rodeado de los paisajes que me habían visto crecer, me refugié de lleno en la pintura y desarrollé mi máxima capacidad creativa. Empecé a trabajar en la serie de los jugadores de cartas compuesta por 5 versiones diferentes de una misma partida. La que contemplas aquí es la quinta. No pretendía reproducir una escena cotidiana sino hallar una solución a un problema de composición: la representación de personas en un espacio. Cada detalle tiene una función y proporciona su exacta aportación al todo. Nada es casual.

AHORA OBSERVA Y BUSCA...

(?) PARA LLEGAR A ESTA COMPOSICIÓN, ESBOCÉ UN MONTÓN DE ESTUDIOS A LÁPIZ, ACUARELA U ÓLEO. El resultado: una representación de dos figuras con carácter de naturaleza muerta, desprovista de toda vitalidad.

(?) Fíjate que la mesa es el centro de la escena y la botella el eje que divide el cuadro en dos partes iguales. En la mesa se encuentran las diagonales de los brazos doblados y las miradas de los jugadores. Su cálido tono naranja es nexo de unión entre el azul de un jugador y el gris descolorido del otro.

(?) LA ESCENA ESTÁ ILUMINADA POR LUZ ARTIFICIAL ¿Dónde aprecias sus reflejos? En la botella y la pipa.

(?) AL PINTAR ESTE CUADRO, EN MI PALETA SÓLO HABÍA TRES COLORES. ¿SABES CUÁLES SON? Azul, rojo y amarillo. Apliqué la pintura a base de fluidas pinceladas, distorsionando la perspectiva y definiendo volúmenes a base de formas geométricas. Fíjate en el sombrero cilíndrico del jugador de la izquierda.

CURIOSIDADES

Para el Cézanne pintor, una cabeza era lo mismo que una manzana, el punto de partida para una composición. Para los modelos, posar para él era un auténtico martirio: les exigía horas de absoluta inmovilidad, la misma que a una naturaleza muerta. Por eso usó modelos a los que podía pagar: campesinos y jornaleros que trabajaban los terrenos de Jas de Bouffan. El hombre de la pipa es el jardinero, el Tío Alexandre.

LA MONTAÑA DE ST. VICTOIRE
(1896-98)

Óleo sobre lienzo, 78,5 x 98,5 cm.
Colección I.A. Morosov.

En 1895 se produce un punto de inflexión en mi carrera artística. El joven marchante de arte Ambroise Vollard se interesa por mi obra y organiza en su galería de París una exposición con 150 de mis cuadros. Aunque el público no reconoce el carácter revolucionario de mi obra, los jóvenes pintores de París me consideran la encarnación del espíritu vanguardista. Fue sin duda mi primer gran triunfo como artista.

En 1897 fallece mi madre, uno de los momentos más tristes de mi vida. Tuve que vender la casa de Jas de Bouffan, era demasiado grande para mí solo. Compré un terreno en Chemin des Lauves, una colina deshabitada al norte de Aix, donde hice construir una casa de dos plantas con un estudio de 5 metros de altura para poder pintar lienzos de gran tamaño. Desde la terraza podía contemplar una magnífica vista de Aix y del monte de Sainte-Victoire. A mis 58 años solo deseaba pintar y continuar mi búsqueda, la búsqueda de la verdad artística.

Jas de Bouffan (1885-87)

AHORA OBSERVA Y BUSCA...

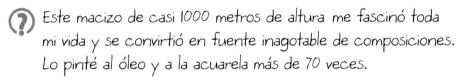
Sainte-Victoire

(?) Este macizo de casi 1000 metros de altura me fascinó toda mi vida y se convirtió en fuente inagotable de composiciones. Lo pinté al óleo y a la acuarela más de 70 veces.

(?) Aparte de ser un símbolo en la historia de la Provenza, este monte guardaba entre sus rocas y sus bosques un montón de vivencias y recuerdos de mi infancia que me marcaron para siempre.

(?) OBSERVA QUE LA IMAGEN ESTÁ COMPUESTA POR MANCHAS DE COLOR EN APARENTE DESORDEN. Es imposible identificar por separado el árbol, las rocas... sólo la unión de estos elementos permite reconocerlos. Reafirmaba mi convicción de que el color es el elemento primordial en la pintura, por encima de la línea o la forma. El color determina la imagen.

(?) ¿PERCIBES EN EL CUADRO ALGÚN TIPO DE PERSPECTIVA? Pues la única que hay viene dada de nuevo por la disposición de los colores

CURIOSIDADES

Con motivo de la exposición de Vollard, el crítico de arte Gustave Geffroy publicó un artículo a favor de Cézanne: "...Los transeúntes pueden entrar a admirar una obra austera y a la vez encantadora y madura... Cézanne es un gran fanático de la verdad, un hombre fogoso y pueril, áspero y detallista. Llegará al Louvre."

Gustave Geffroy

23

CARTAS Y ESCRITOS

Autorretrato con paleta, 1890

Un total de 1300 lienzos forman el legado público de mi carrera artística. Pero aparte de estos cuadros, existe una serie de documentos íntimos que pocos conocen, donde también quedó reflejado mi temperamento. Se trata de unas doscientas cartas dirigidas a amigos y familiares expresando mis preocupaciones, dudas e inquietudes acerca de mi evolución artística.

A continuación te muestro algunos fragmentos de mis cartas que seguro te ayudarán a comprenderme un poco mejor.

Carta a Zola, 9 de abril de 1858

"Desde que te fuiste de Aix, querido mío, una sorda pesadumbre me oprime; por Dios que no miento. Ya ni yo mismo me reconozco, me he vuelto torpe, tonto y lento."

Carta de Émile Zola a Baille, 1861

"Paul podrá tener el genio de un gran pintor, pero nunca tendrá el genio para llegar a serlo. El menor contratiempo le saca de quicio."

Émile Zola

Émile Zola, 1902

Cézanne, 1875

Cézanne 1873

"La naturaleza no está en la superficie, sino en la profundidad. Los colores son la expresión de esa profundidad en la superficie. Surgen de las raíces del mundo. Son su vida, la vida de las ideas."

LAS GRANDES BAÑISTAS
(1906)

Óleo sobre lienzo, 208 x 249 cm.
Museo de Arte de Filadelfia, Filadelfia (Estados Unidos).

A partir de entonces el interés por mi obra aumenta de forma espectacular. Los jóvenes artistas me consideran una fuente de inspiración y el público empieza a pagar por mis cuadros precios considerables.

Paul Cézanne en su estudio

Pero en realidad la fama ya no me importaba, era un reconocimiento a destiempo que me impedía concentrarme en mi trabajo. Delegué en mi hijo Paul toda la gestión y el trato con los marchantes.

Vista de la Exposición Universal de París, 1900

Durante los años siguientes, tres de mis cuadros se expusieron en el "Salón de los Independientes" y tres más en la Exposición mundial de París en 1900. Mi obra traspasa fronteras y por primera vez se exhibe en el extranjero: Berlín, Viena, Bruselas. Nace el mito Cézanne.

Y en mi casa de Aix-en-Provence, aislado del mundo y de cualquier contacto social, la diabetes me iba debilitando. Pasé de tener un carácter irritable a convertirme en una persona intratable. Sólo pintar me hacía sentir en paz. Por eso a mis 60 años me propuse un nuevo reto: representar figuras humanas en movimiento dentro de un paisaje. El proyecto culminó con la ejecución de 140 cuadros y bocetos de bañistas.

? ESTA ES LA TELA MÁS GRANDE QUE JAMÁS PINTÉ Y TRABAJÉ EN ELLA DURANTE 7 AÑOS.
La paleta de colores se reduce a ocre, malva y azul verdoso. A base de contrastes fríos y cálidos, voy construyendo planos prescindiendo de nuevo de la perspectiva.

? FÍJATE QUE SE COMPONE DE DOS GRUPOS DE BAÑISTAS A LA ORILLA DE UN RÍO.
¿Ves una mancha blanca entre ellas? Es un perro. ¿Has encontrado la nadadora? ¿Y las dos figuras en la otra orilla? ¿Y el campanario? Fíjate que estos cuatro elementos están en línea.

? OBSERVA LA INCLINACIÓN DE LOS ÁRBOLES. ¿QUÉ FIGURA GEOMÉTRICA FORMAN AL UNIRLOS CON EL PLANO HORIZONTAL DEL SUELO?
Mi objetivo era crear una obra íntegramente construida en base al triángulo. Fíjate que también quedan enmarcados en esta figura geométrica los dos grupos de mujeres así como cada uno de sus cuerpos. Brazos y piernas son forzados para que cada figura asuma forma triangular, como la del campanario del fondo que parece generar toda la imagen.

? EN TODAS LAS VERSIONES DE BAÑISTAS LAS MUJERES SON FIGURAS RUDAS Y DESPROPORCIONADAS, SIN PERSONALIDAD NI EXPRESIÓN.
Lo que más me importaba era la armonía entre la figura y la naturaleza, entre la forma y el color: el conjunto pictórico.

CURIOSIDADES

Al principio, los críticos vieron en esta obra un conjunto de figuras mal dibujadas con pinceladas inacabadas, tachándola de insignificante. Hoy en día se la considera un ejemplo de armonía perfecta, donde las figuras y su relación con las demás provocan la sensación de espacio y volumen.

Paul Cézanne dedicó toda su vida a buscar la verdad artística. Para él, esto consistía en captar y llevar al lienzo la esencia de las cosas, lo duradero y eterno que hay en ellas.

Esta tarea le llevaba horas y horas de observación, estudio y reflexión.

En su evolución podemos distinguir varias etapas:

▶ EL PERIODO OSCURO DE PARÍS (1861-70)

Durante estos años la obra de Cézanne se caracterizó por el uso de colores oscuros y una aplicación muy empastada de la pintura. La temática principal es la figura dentro del paisaje pintada según su imaginación.

Pero para el artista, ésta es sobre todo una época atormentada. Sus conflictos internos y su rebelión contra las normas y estilos pictóricos le conducen a la creación de obras violentas y grotescas. Estos cuadros son rechazados por el público y suponen una ruptura definitiva con el arte académico imperante.

Algunas obras pertenecientes a este periodo son:

PANES Y HUEVOS (1865)
RETRATO DEL TÍO DOMINIQUE (1866)
EL RAPTO (1867)
RETRATO DE ACHILLE EMPERAIRE (1867-1868)

Retrato de Achille Emperaire, 1867–68

▶ PERIODO IMPRESIONISTA, PROVENZA Y PARÍS (1870-1878)

Cézanne viaja a la Provenza, allí descubre los matices y detalles del paisaje y se convierte en el tema principal de sus cuadros. Empieza una estrecha relación de trabajo con Camille Pissarro quien se convierte en su gran maestro. Lo introduce en el impresionismo, enseñándole la técnica y los conocimientos de este nuevo estilo. Bajo su influencia, Cézanne cambia los colores oscuros de su paleta por tonos claros y brillantes. Su pincelada se vuelve ligera.

LA CASA DEL AHORCADO (1872–73)
VISTA DE AUVERS (H. 1873)
UNA OLYMPIA MODERNA (1873–74)

Una Olympia moderna, 1873–74

▶ PERIODO CONSTRUCTIVO, PROVENZA (1878-87)

Cézanne se desvincula del grupo de los impresionistas centrados en París y fija su residencia en Provenza. Se refugia en su pintura iniciando una etapa de búsqueda personal y artística. Este aislamiento es el responsable de la increíble evolución que sufre su estilo durante las siguientes décadas.

Vista del pueblo de Gardanne, 1886

Centró su estudio en el color y la forma ya que, según él, eran los responsables del equilibrio en la composición. Obsesionado por representar lo verdadero e inalterable de las cosas, pasó horas observando la naturaleza para descubrir que lo eterno que hay en ella radica en sus formas esenciales, es decir, en sus formas geométricas. Sin saberlo, estaba creando las bases del cubismo.

EL PUENTE DE MAINCY (1879–1880)
ROCAS EN L'ESTAQUE (1882–1885)
LA MONTAÑA DE SAINTE VICTOIRE (1885–1887)
VISTA DEL PUEBLO DE GARDANNE (1886)

▶ PERIODO SINTÉTICO, PROVENZA (1890-1906)

Instalado en su tierra natal, le diagnostican diabetes y a partir de eso se vuelve intratable. Se aísla del mundo y se dedica sólo a pintar concentrándose en bodegones, retratos, paisajes y estudios de bañistas. Fue simplificando la aplicación de la pintura y las líneas de contorno hasta reducirlo a planos de color.

Fue en estos últimos años cuando su arte empezó a ser reconocido por jóvenes pintores como Van Gogh o Gauguin, y poco a poco fue despertando el interés de un público que hasta entonces lo había ignorado.

Campesino sentado, 1900

LOS JUGADORES DE NAIPES (1890–1892)
NATURALEZA MUERTA CON MANZANAS Y NARANJAS (H. 1895–1900)
LA MONTAGNE SAINTE-VICTOIRE ET LE CHÂTEAU NOIR (1904–06)
CAMPESINO SENTADO (1900)
LAS GRANDES BAÑISTAS (1906)

▶ BUSCA Y RELACIONA

¿Recuerdas haber visto cada uno de estos detalles en alguno de los cuadros relacionados a la derecha?

○ Desayuno sobre la hierba

○ Madame Cézanne en un sillón rojo

○ Jarrón azul

○ Naturaleza muerta (Mesa de cocina)

○ Jugadores de cartas

▶ ¿CUÁL ES EL VERDADERO?

Encuentra las cinco diferencias y dime cuál de los dos es el auténtico.

▶ CINCO ÁRBOLES

Ya sabes que me encantaba pintar paisajes.
¿Recuerdas en cuál de ellos pinté cada uno de estos árboles?

○ Castillo de Médan   ○ Nieve fundida en l'Estaque   ○ Vista de Auvers–sur–Oise

○ Las grandes bañistas   ○ Monte de Sainte–Victoire

▶ ¿TE ATREVES CON ESTE TEST?

Ⓐ ¿En qué país nací? (pág. 2)

Ⓑ ¿Qué carrera pretendía que estudiara mi padre? (pág. 3)

Ⓒ ¿Cuál era el nombre de mi mujer? (pág. 13)

Ⓓ ¿Y el de mi hijo? (pág. 9)

Ⓔ A los 22 años me fui de casa para visitar... (pág. 5)

Ⓕ ¿Cuál era el apellido de mi gran amigo escritor? (pág. 7)

Ⓖ ¿Qué pintor me invitó a su casa a aprender la técnica del impresionismo? (pág. 9)

Ⓗ ¿Dónde vivía dicho pintor? (pág. 9)

Ⓘ ¿Cómo se llamaba el médico homeópata que conocí en Pontoise? (pág. 11)

Ⓙ ¿Cuál era una de las frutas que más me gustaba pintar? (pág 2)

Ⓚ Sin yo saberlo, creé las bases de un nuevo estilo. ¿Recuerdas su nombre? (pág. 17)

Ⓛ ¿Qué enfermedad me diagnosticaron en 1890? (pág. 21)

Ⓜ ¿Cuál es el nombre del marchante de arte que organizó una exposición
con 150 de mis cuadros? (pág. 23)

Ⓝ ¿Cómo se llamaba el hombre de la pipa que aparece en "Los jugadores de cartas"? (pág. 21)

Ⓞ A mis 60 años inicié un proyecto que culminó con 140 cuadros y bocetos de: .... (pág. 28)

"NO SE TRATA DE PINTAR LA VIDA, SE TRATA DE HACER VIVA LA PINTURA."
PAUL CÉZANNE

El 15 de Octubre de 1906, Cézanne es sorprendido por una fuerte tormenta mientras pintaba al aire libre. Cuando busca refugio para resguardarse sufre un desmayo y pierde el conocimiento. Después de pasar varias horas expuesto al agua y al frío, un carruaje lo lleva a su casa totalmente debilitado. Su salud empeora tan rápido que su mujer y su hijo, habiendo recibido la noticia en París, no llegan a tiempo para despedirse. Cézanne muere el 22 de octubre de una neumonía.

El ermitaño de Aix-en-Provence, en constante lucha contra el mundo y consigo mismo, nos deja una obra de apariencia tranquila y armoniosa que para nada parece revelarnos los conflictos y sufrimientos internos que dieron vida al artista. Los cuadros de Cézanne son testimonio de un deseo de belleza perfecta, de un "paraíso terrenal".

Cézanne tuvo que soportar largo tiempo la indiferencia, la soledad y el rechazo de lo más querido: su obra. El reconocimiento le llegará en los últimos años de su vida y el éxito será póstumo. Fracasó en vida como pintor, pero tras su muerte su obra se convirtió en guía para los primeros cubistas y en objeto de estudio triunfando en el mundo entero. Hoy en día se le considera el padre del arte moderno y uno de los pintores más influyentes del siglo XX.

P. Cézanne